AF359073

RÉFLEXIONS

SUR L'IMPORTANTE QUESTION

DE L'AFFRANCHISSEMENT DU PORT,

DE LA VILLE

ET DU TERRITOIRE DE MARSEILLE.

Rerum irrecuperandarum summa felicitas oblivio.

A MARSEILLE,

De l'Imprimerie de Joseph-François ACHARD, au
Boulevard du Musée.

M DCCC XVI.

RÉFLEXIONS

Sur l'importante question de l'affranchissement du port, de la ville et du territoire de Marseille.

Les hommes en général préfèrent leurs illusions au bonheur réel, et ils passent leur vie à regretter, non-seulement ce qu'ils ont perdu, mais encore ce dont ils n'ont aucune idée positive. Si l'on pouvait douter de ces vérités, la question de l'affranchissement du port de Marseille en fournirait une démonstration évidente.

A l'époque de la restauration, le rétablissement des Princes de la maison de Bourbon sur le trône de France, en comblant de joie la généralité des habitans de notre malheureuse ville, fit entrevoir un avenir des plus heureux; et dès-lors toutes les pensées, toutes les espérances se reportèrent naturellement sur l'état de richesse et de prospérité, dont elle avait joui avant la révolution.

On rechercha quelles étaient les causes qui avaient fait de cette cité, l'une des villes les plus florissantes du royaume, et sans approfondir

1 *

cette question, d'une si haute importance, la décision, précédant tout examen préalable, il fut généralement convenu que l'affranchissement du port, de la ville et de sa banlieue, était le vrai principe et la cause première de la félicité publique. Dès-lors on ne réva plus qu'aux moyens d'arriver à cet heureux résultat. Nous devons le dire, chez le plus grand nombre, le mot *franchise* s'alliait avec l'espoir d'un sort futur plus heureux. Il est vrai pour tant que quelques hommes plus réchéchis, et qui n'avaient pas absolument oublié les rapports journaliers des commerçans, de toutes les classes, avec les agens des fermiers-généraux, ne partageaient pas cette opinion : ils étaient peu nombreux et ils auraient fait vainement des observations à cet égard. Ne pas partager l'erreur généralement répandue eût été un crime : celui qui eût osé dire que la franchise, dont on s'occupait, était une espèce de chimère dont on n'avait point d'idée précise, aurait été accusé d'être l'ennemi de la ville, du Roi et de son pays. Les gens sages furent condamnés au silence ; la franchise de 1789, était et est encore le cri de ralliement de tous les prôneurs de ce système, et nous remarquons que ceux qui en parlent avec le plus de chaleur et même ceux qui ont fait imprimer certaines opinions, seraient

fort embarrassés d'expliquer ce qu'ils veulent ;
mais, à défaut de raison plausible, on discute,
et même, on se dispute sans s'entendre comme
cela arrive toujours.

Combien d'écrits et de mémoires superflus !
combien de discussions inutiles, de sollicitations
et de démarches n'auraient point eu lieu, si
cette question avait été préalablement examinée,
et avant de prononcer que nous devions jouir
de la franchise de 1789, (*pour nous servir de
l'expression consacrée par l'usage*) s'il se fût
trouvé un homme assez hardi pour oser imprimer
que Marseille ne jouissait plus d'aucune franchise depuis l'année 1786, au moins dans le
véritable sens du mot.

Nous devons convenir qu'à cette époque, il
est vrai, le commerce était fort étendu et très-
brillant ; mais on aurait dû dire que la prospérité de la ville ne résultait pas des rapports
journaliers du commerce avec la direction des
fermes du Roi. Soutenir une telle proposition,
il y a quinze mois, c'eût été une témérité
dangereuse : l'on aurait parlé inutilement, et le
moindre reproche qu'on eût essuyé, aurait été
d'être accusé d'ignorance. Quand une erreur a
prévalu et qu'elle est enracinée, il n'y a que
le tems qui puisse guérir cette maladie morale.
La vérité ne pénètre qu'avec lenteur, tandis que

pour la propagation des idées fausses, il arrive précisément le contraire.

Aujourd'hui qu'une désagréable et pénible expérience nous a appris à nous défier de ces illusions trompeuses qui, saisies avidement par la multitude, égarent et détournent l'opinion de chacun de ses véritables intérêts, nous entreprenons un travail qui ne présentera aucune idée nouvelle; mais si nous parvenons à dissiper l'erreur dans laquelle se trouvent encore un grand nombre de personnes très-estimables d'ailleurs par la droiture de leurs intentions, nous aurons recueilli la seule récompense que nous ambitionnons. Voulant conserver un caractère d'impartialité, dont nous avons fait de tout tems profession, nous nous bornerons à rendre compte de certains faits; nous citerons des exemples pour rendre nos raisons persuasives, et, pour le dire en peu de mots, nous ferons les fonctions de rapporteur d'une cause dans laquelle les habitans de Marseille de toutes les classes étant intéressés, le public doit être le juge naturel.

La première idée, qui se présente en prononçant les mots de *franchise du port* ou *port franc*, semble laisser croire qu'elle doit être entière, absolue, sans aucune gêne, ni restriction. Le commerçant doit par là être affranchi

de toute espèce de droits à payer au gouvernement, et même il ne doit être soumis à
aucune visite de la part des agens du fisc; cela
supposerait que l'on peut embarquer de jour
et de nuit, arriver ou partir à volonté sans
subir les moindres formalités. Le très-grand
nombre de ceux avec qui nous nous sommes
entretenus sur cette matière, croient de bonne
foi que les choses se passaient ainsi avant la
révolution. Nous écririons bien des pages si
nous voulions retracer à nos lecteurs tous les
faux raisonnemens que nous avons été à portée
de recueillir. Pour dissuader ceux qui conservent
encore quelque prévention à cet égard, nous
leur observerons que même l'arrêt de 1669, qui
prononçait l'affranchissement du port de Marseille, mettait certaines restrictions à ce que
l'on peut entendre par le mot *franchise*, puisque les droits de la gabelle étaient maintenus;
et ce même arrêt, qui conviait les étrangers à
s'établir à Marseille, pour acquérir le titre de
négocians français, en excluait positivement tous
les navires autres que ceux qui portaient pavillon
blanc; lesquels ayant à bord des marchandises
du Levant et de Barbarie étaient soumis à un
droit de vingt pour cent, les sujets ottomans
même ne pouvaient trafiquer avec nous que
par l'intermédiaire des maisons de commerce

marseillaises. On voit évidemment par là que la franchise pour le commerce du Levant et de Barbarie n'existait pas, puisque tous les pavillons, qui naviguaient dans la Méditerranée, en étaient exclus.

Nous croyons inutile d'entretenir plus long-tems nos lecteurs d'un mode de franchise reconnu aujourd'hui impraticable, d'autant mieux qu'il ne fait pas l'objet de la réclamation du commerce de Marseille.

Puisque les négocians ne demandent et ne peuvent demander qu'une *franchise mixte*, c'est ce dont nous devons parler. Nous commencerons par définir, d'une manière claire et surtout intelligible, ce que l'on doit entendre par la franchise mixte proprement dite ; les avantages, qui doivent en résulter, découlent naturellement de ce principe, une fois qu'il sera bien établi ; et fidèle au devoir que nous nous sommes imposé en faisant les fonctions de rapporteur, nous devons déclarer que c'est une des questions les plus compliquées. Un grand nombre de considérations particulières militent toutes contre le principe en général, et le détruirait si l'on pouvait adopter une telle mesure.

Une franchise mixte pour le commerçant, l'armateur, le capitaine de navire, le simple marchand, le fabricant, l'artiste et même les ouvriers et artisans, devrait être tellement fixée et déterminée par des lois simples, et des réglemens d'une facile exécution, que toutes ces professions pussent être librement exercées, et n'être soumises qu'à de simples formalités peu gênantes, qui, faisant perdre le moins de tems possible, ne découragent point les habitans de la ville, et ne tendent pas à en éloigner les étrangers.

Ces lois et ces ordonnances doivent, en outre, se concilier avec l'intérêt du trésor public, celui de l'agriculture, de l'industrie et du commerce français, et plus particulièrement encore avec celui des habitans de la ville, pauvres et riches, puisque la sollicitude paternelle du Roi s'étend à tous ses sujets, sans distinction d'état, de rang et de fortune.

Comme nous avons, toute notre vie, fait profession de dire hautement la vérité, et de la dire à tout le monde, nous devons déclarer que nous n'avons d'autre but que de parler au nom des pauvres ouvriers et artisans : cette classe d'hommes utiles, qui vivent de privations et qui contribuent, par leur travail, aux nombreuses jouissances du riche, peut-elle espérer de voir son sort s'améliorer par l'effet de l'ordonnance du 20 février 1815 ? Tel est le véritable sujet de notre examen : le riche commerçant ou l'opulent manufacturier trouvera toujours assez de moyens de faire entendre ses réclamations; mais le pauvre rencontre rarement des défenseurs de ses droits et de ses intérêts. Nous nous chargeons volontiers de cette honorable mission.

Marseille renferme, dans son enceinte, plus de 25 mille individus de l'un et de l'autre sexe, dont les travaux n'ont aucun rapport avec la construction et l'armement des vaisseaux. La nomenclature raisonnée de toutes les espèces de marchandises qui se fabriquent dans notre ville étonnera les personnes qui ne se sont pas occupées de cette matière, et pourtant les produits de ces nombreux ateliers contribuent autant à entretenir la vie et l'activité de notre cité, que les travaux et les expéditions maritimes. (1)

---

(1) Une erreur assez généralement répandue a fait croire, à beaucoup de personnes, que les seules fabriques de savon de Marseille ont contribué à diminuer les causes de l'indigence, pendant toute la durée de la guerre précédente, et plus particulièrement encore alors que le commerce maritime devint absolument nul, par suite de ces combinaisons politiques connues sous le nom de système continental, système des licences, obligations de produire des certificats d'origine. Cette assertion ne nous semble pas fondée ni exacte; nous croyons, au contraire, que les autres genres de fabrication partagent, avec les savonneries, l'avantage de n'avoir pas vu la ville désertée par ses habitans les plus utiles. Nous voulons parler de ces fabricans de toutes sortes, qui ont formé des liaisons dans l'intérieur de la France, pendant que le commerce extérieur leur était absolument interdit, pour obtenir le débouché

La révolution qui a été, pour la France, la source de tant de calamités, et plus particulièrement encore pour Marseille, avait au moins produit un effet salutaire, dont nous jouissions depuis 1793, sans nous douter de ses inappréciables avantages ; c'est la suppression d'une seconde ligne de douanes, qui nuisait, avant cette époque, à toute espèce d'industries, en favorisant la fraude, et rendait nos rapports constans et journaliers avec le reste du royaume, difficiles et défavorables à notre bien-être. Aussi, les ministres du Roi et Messieurs les conseillers-d'état ne pouvaient comprendre que les habitans d'une ville, qui renferme tant de gens éclairés sur leurs propres intérêts, pussent consentir à voir élever de nouveau une barrière entre elle et le reste du royaume, et ce qui les étonnait bien davantage, c'est que l'on pût appeler du nom de franchise, ou affranchissement du port, de la ville

---

de tout ce qui sort de leurs ateliers, et surtout de cette classe nombreuse d'ouvriers et d'artisans, qui exercent plus de cent dix professions différentes, toutes indépendantes des travaux maritimes. Portion précieuse de la société civilisée, puisque c'est elle qui crée la richesse ! ce serait, pour un historien, un tableau bien intéressant à tracer, que celui d'un peuple industrieux et actif, luttant, avec une laborieuse constance, pour échapper à la misère, contre le délire d'un système extravagant, odieux et ridicule, que des flatteurs appelaient *de hautes conceptions.*

2 *

et du territoire, un système aussi contraire à notre prospérité. Si nous avions pu nous flatter de resaisir par là les avantages d'un commerce extérieur qui nous est échappé, ce motif eût rendu, à quelques égards, ce sacrifice moins onéreux ; mais ceux qui voudront faire un examen sérieux de la demande des commerçans, mise en parallèle avec l'ordonnance du 20 février 1815, se convaincront facilement du contraire.

Par suite de cette erreur si généralement répandue, on a pensé qu'en accordant de nombreuses prérogatives au commerce des étrangers, les navigateurs et les commerçans des différentes nations afflueraient dans notre port ; ce résultat, sans contredit, eût été favorable aux espérances et aux intérêts de quelques personnes ; mais les avantages réels de cette protection exclusive en faveur des étrangers, seraient évidemment nuisibles à la prospérité du commerce et de la navigation française, qui, en principe d'une bonne et sage administration, doit passer avant tout. Cette réflexion nous ramène au système prohibitif, qui fera le sujet, dans cet écrit, de quelques observations particulières.

On a adressé, à Sa Majesté, des mémoires tendant au rétablissement de la franchise du port de Marseille, telle à-peu-près qu'elle existait avant la révolution. Ces demandes renouvelées auprès des ministres du Roi et du conseil d'état, étaient accompagnées d'un projet de réglement en vingt-deux articles; il fut, sans doute, jugé insuffisant par l'autorité, car les instances réitérées, les sollicitations pressantes, tout fut mis en usage pour obtenir du conseil-d'état une ordonnance royale, conforme aux vœux exprimés dans ce projet et dans les différens écrits qui ont été publiés; on insistait surtout pour qu'elle s'accordât en tous points avec le projet présenté. Le conseil jugeant autrement, décida qu'il fallait le concours des deux chambres, et Monsieur le directeur général du commerce présenta une loi, qui fut adoptée le 16 décembre 1814.

Vainement, avant cette loi, les ministres, les conseillers-d'état de la section du commerce et des finances firent des observations contre un régime qui deviendrait si funeste à l'industrie marseillaise; vainement encore on fit observer que ce système ne contribuerait en aucune manière à ramener un commerce extérieur, qui jadis fut si florissant, mais par d'autres causes que celle de la prétendue franchise.

Monsieur le directeur général objectait, avec raison, qu'il ne convenait pas de sacrifier les avantages présens et certains de l'industrie d'une grande ville, pour courir après de vaines illusions; il prouva de plus, avec cette supériorité de raisonnement qui est l'appanage des hommes doués d'un excellent jugement, que la franchise (1) dont on jouissait à Marseille, en vertu de la loi du mois de floréal an onze, était, dans les circonstances actuelles, bien préférable à celle dont on jouissait avant la révolution ; il proposa même de donner plus d'extension aux entrepôts fictifs, et S. Exc. le ministre des finances offrait de concourir, aux frais du trésor, aux dépenses que devait entraîner une enceinte propre aux marchandises prohibées, ou sujettes à l'entrepôt réel. Nous sommes toujours plus étonné que des offres si avantageuses n'aient produit aucun effet : tout fut inutile. Une seconde ligne de douanes sembla préférable ; sans cela point de franchise mixte. Les constantes et les persévérantes sollicitations déconcertèrent la fermeté et la sage prévoyance du ministère, qui, cédant enfin, consentit à faire jouir Marseille d'un ordre de choses si évidemment contraire au but qu'on se proposait d'atteindre.

Personne, sans doute, n'a oublié la lettre qui fut adressée, par Monsieur le duc de Maillé, qui accompagnait S. A. R. Monsieur, à M.ʳ le marquis d'Albertas. Nous partageâmes la joie

---

(1) Nous appellons franchise la faculté des entrepôts et celui du transit.

commune en apprenant cette heureuse nouvelle; mais nous devons l'avouer aujourd'hui, lorsque cette lettre fut imprimée, toutes nos espérances furent déçues. Nous croyons devoir la rapporter textuellement, à présent que l'engouement pour la franchise de 1789 est un peu diminué. Nous fîmes cette réflexion qui se présentait tout naturellement, et que pourtant peu de gens, qui doivent se rappeler cette époque, ont faite. Avant la révolution il n'existait, de la franchise, que le nom ; que sera-ce donc en 1815 ?

Toulon, le 6 octobre 1814.

» Je suis chargé par MONSIEUR , M.^r le
» préfet, de vous adresser le plus promptement
» possible la décision du ROI sur la franchise
» de Marseille : je m'empresse , avec grand
» plaisir, de vous transmettre la lettre qu'il
» a reçue.

» Le ROI, dans le conseil qu'il a tenu le
» trois, a décidé que la franchise de la ville
» et du port de Marseille doit être rétablie sur
» les bases qu'elle avait avant la révolution, sauf
» les réglemens que le changement des cir-
» constances et les avantages que le ROI désire
» accorder au commerce de Marseille, peuvent
» exiger.   *Signé :* le duc DE MAILLÉ. »

En réfléchissant aux observations qui avaient

été faites aux commerçans par le ministère, et en examinant leur projet de franchise mixte si vivement sollicité, on conviendra que S. M., toujours guidée par des sentimens paternels et bienveillans envers ses sujets, en accordant ce qu'on lui demande, se réserve de protéger, par ses réglemens, cette classe laborieuse et utile dont on ne s'occupait point ; elle nous rappelle par là l'intérêt qu'elle porte à tous les Français, sans distinction d'état.

Cette lettre aurait dû nous porter à l'examen des bases de la franchise dont nous jouissions avant la révolution, et des circonstances qui nécessitaient un réglement propre à la rendre à-peu-près illusoire. On aurait dû mettre en parallèle la franchise dite des entrepôts, et cela nous eût mis à même d'apprécier lequel des deux systèmes était préférable. Qu'il nous suffise de réfléchir à la situation politique, commerciale et industrielle de la France à l'égard des autres peuples de l'Europe, pour nous apercevoir que tous les gouvernemens aujourd'hui, mieux éclairés sur leurs véritables intérêts, ont adopté des mesures prohibitives. Ici les exemples seraient nombreux, si nous voulions détailler ce qui se passe en Espagne, en Russie, en Allemagne et en Angleterre ; d'après de telles considérations, les ministres du Roi devaient-ils, pouvaient-ils même concéder à un seul port des prérogatives qui auraient excité les réclamations de la part de toutes les chambres consultatives des arts et manufactures réunies aux chambres de commerce du royaume ? Pouvait-on donner aux commerçans de Marseille plus qu'ils ne demandaient eux-mêmes ? On s'est beaucoup récrié, et tout le monde aujourd'hui réclame contre les principales dispositions de l'ordonnance du 20 février 1815, qui présentent des difficultés aussi décourageantes qu'elles sont rigoureuses : il est vrai de le dire, mais on devrait également réfléchir qu'elles sont conservatrices de l'industrie et du commerce vraiment français ; nous disons *français*, car il serait impossible de concevoir un système qui tendrait à favoriser les étrangers, au préjudice des régnicoles. Pour mettre nos lecteurs à même d'apprécier si la sévérité du règlement a été dictée par la malveillance, comme on l'a dit et comme on le répète, nous invitons les hommes, qui cherchent la vérité de bonne foi et qui liront cet écrit, à compulser les lois et les réglemens relatifs aux douanes de France en général ; et ils resteront convaincus que, à moins de placer Marseille hors de la loi commune, et d'en faire une ville étrangère et indépendante du gouvernement français, il fallait que le règlement du 20 février fût coordonné avec cette partie de notre administration financière.

Nous avons dit plus haut qu'avant la révolution, la franchise du port était réduite à si peu de chose, qu'il nous fallait éprouver les fâcheux effets d'une seconde ligne des douanes, sans en retirer aucun avantage réel. Pour preuve de ce que nous avons avancé, nous nous bornerons à citer un petit nombre de faits que personne ne pourra démentir.

L'édit du Roi, rendu en 1703, en conservant une partie des avantages accordés à Marseille par celui de 1669, ne laissa pas d'altérer sensiblement la franchise dont on jouissait : la prohibition des étoffes de laine de toute espèce, des bas et des bonnets, des toiles des Indes, des morues et poissons salés, autorisa les agens de la ferme générale à surveiller les navires marchands tant français qu'étrangers, et dès-lors on ordonna des visites à bord des vaisseaux, qui se renouvelaient chaque fois qu'on pouvait soupçonner qu'ils apportaient des objets frappés de prohibition. Les fermiers usèrent de cette faculté avec tant de rigueur, que les plaintes portées au ministre donnèrent lieu à une instruction rédigée par M.ʳ de Chamillard, contrôleur général des finances en 1704. Elle prescrivait de quelle manière les gardes et les employés des fermes devaient agir dans les visites et les perquisitions qu'ils étaient autorisés à faire. On renouvelait l'obligation aux gardes des fermes d'être toujours assistés d'officiers de police, ainsi que cela devrait se pratiquer aujourd'hui, lorsqu'ils faisaient quelque saisie. La lecture de cette instruction, si nous avions pu nous la procurer, aurait contribué, sans doute, plus que tout ce que nous pouvons dire ici, à dissuader nos lecteurs de la fausse opinion qu'ils peuvent conserver encore à l'égard de ce que l'on appelait franchise du port.

A dater de cette époque de 1703, les quais du port et les bords de la mer furent surveillés et gardés, avec plus de vigilance qu'auparavant, par des hommes enrégimentés et armés ; ils n'étaient admis à ce service qu'après avoir signé une déclaration par laquelle ils se soumettaient aux peines les plus infamantes en cas de prévarication. Leur capitaine et les officiers d'un grade inférieur ordonnaient des patrouilles sur les quais, dans la ville et dans le territoire ; des canots faisaient des rondes dans le port, et des felouques armées allaient croiser dans la rade, pour reconnaître les navires qui arrivaient et suivre la marche de ceux qui en sortaient.

Depuis lors jusques en 1789, chaque année donna lieu à de nouveaux empiétemens de la

part des fermiers généraux ; et le funeste traité
de commerce de 1786, après une guerre maritime glorieuse pour la marine française, porta
le dernier coup à ce que l'on pouvait encore
appeler du nom de franchise. Cet état de choses
donna lieu à de nombreuses réclamations de la
part du commerce. Aussi , à cette époque,
écrivait-il aux ministres du Roi en ces mots :

» Nous sommes réduits au même état d'accable-
» ment et de servitude, dont Louis le grand avait
» voulu nous délivrer ; car, quoique les bureaux
» des fermes soient placés aux limites du ter-
» ritoire franc, une cohorte de commis de tous
» grades et de toute espèce inonde les rues de
» Marseille et exerce, dans le port, l'inqui-
» sition la plus sévère. »

La même année, le corps des marchands
adressait également ses réclamations aux ministres
du Roi, et, dans un mémoire signé par Messieurs Guieu et Pazeri , avocats à Aix , ils
s'exprimaient ainsi : » Une licence extrême a
» succédé aux invitations paisibles de l'autorité ;
» les négocians de Marseille voient tous les jours
» des brigades de la ferme se transporter à bord
» des navires qui arrivent dans le port, y bou-
» leverser toutes les marchandises qui s'y trou-
» vent, enfoncer les écoutilles pour y porter un
» regard indiscret, enlever les marchandises par

» force, et les transporter dans le bureau de poids
» et cas, malgré les représentations d'un capi-
» taine étranger, qui leur fera observer qu'il
» n'est que de relâche à Marseille. »

Nous nous bornons à ces deux exemples,
malgré qu'il nous fût facile de les multiplier à
l'infini.

Si nous comparons les formalités auxquelles
étaient soumis les commerçans avant la révolution, à celles qui leur étaient imposées par la
loi de floréal an onze, nous verrons que la re-
mise du manifeste, dans les vingt-quatre heures,
était de rigueur alors comme aujourd'hui pour
les navires français et étrangers; il devait spécifier
les objets composant la cargaison, avec désignation de marque, numéro, nombre de colis, la
nature et la qualité des marchandises : dans certains cas, un ou plusieurs gardes étaient placés
à bord, et, par un abus qui s'était introduit
avant la révolution et qui n'aurait pas dû être
toléré, au mépris de nos franchises, rarement
les agens de la ferme appelaient des officiers de
police, dans le cas d'une saisie. Elles étaient
nombreuses : les fausses déclarations, comme
aujourd'hui, servaient de prétexte. Combien d'er-
reurs involontaires, de la part des capitaines,
ont causé de procès et de tracasseries aux armateurs, et, pour le dire en un mot, il arrivait bien

peu de navires dans le port franc de Marseille, qui ne donnât lieu à quelques démarches de la part des capitaines, ou des consignataires, auprès du directeur des fermes. A la vérité, il était très-accessible, et on était écouté tous les jours en se présentant; il n'avait pas de jours d'audience limités à un court intervalle de tems.

Si l'on pouvait douter de ce que nous avançons à l'égard des fréquentes saisies qui se faisaient à bord des vaisseaux, sur les quais du port, et même dans la ville et le territoire, on n'aurait qu'à faire des recherches, à cet égard, à l'ancien hôtel Soubise, à Paris, qui renferme les archives du royaume ; là on trouvera les registres du contrôle général des finances, et ce qui concerne la ferme générale. A la lecture de quelques pièces de cet immense recueil, on se demandera, avec surprise, ce que c'était que la franchise de Marseille avant la révolution.

Dans Marseille même, on trouverait des archives qui renferment les arrêts sans nombre et les règlemens particuliers survenus depuis 1703 jusqu'en 1786. On apprendrait qu'une simple lettre du ministre de la marine, ou du contrôleur général des finances, dépouillait les Marseillais de leurs plus précieuses prérogatives ; (1) on y

____

(1) Une lettre de M. le duc de Praslin, écrite en janvier 1765, prescrivait une augmentation de 10 sous pour livre au

verrait des réclamations, qui avaient eu lieu dans certains cas, relativement à des saisies de marchandises faites sur des navires venant de Livourne, ou d'autres ports de la Méditerranée, et cela pendant qu'elles étaient transbordées, pour suivre leur destination par un autre vaisseau ancré dans le port.

On aura de la peine à croire qu'un capitaine étranger, et même français, arrivant dans le port franc, venant, par exemple, des côtes de Bretagne, qui aurait négligé de jeter à la mer le sel qui restait dans la salière sur sa table, subissait une saisie ; c'était bien pire si le garde des fermes du Roi en découvrait dans un coin de la chambre une petite provision : il n'y avait point de faveur à espérer pour un tel oubli. Malheur au navigateur qui arrivait dans le port avec des viandes ou des poissons salés, pour la nourriture de son équipage, s'il négligeait d'en faire mention dans son manifeste ! Nous avons vu un procès-verbal de saisie pour un jambon entamé, destiné au repas d'un maître de navire. Les provisions de bord, ou les restes d'avitaillement des vaisseaux français, après des voyages de long cours, étaient l'objet de visites sévères, et la moindre inexactitude dans

bureau de 20 pour cent ; ils furent ajoutés et perçus, depuis cette époque jusqu'à la révolution, sur certains droits affectés à cette administration.

la déclaration donnait lieu à de nombreuses difficultés, et souvent à des saisies. Ces délits n'obtenaient grâce qu'à prix d'argent.

Pour l'intelligence de ce qui précède, nous devons dire que les chairs et poissons salés étaient soumis au régime des gabelles.

Aujourd'hui, au contraire, que nous nous croyons privés de toute franchise, une loi du onze juin 1806 accorde aux particuliers, en se soumettant aux règlemens, la faculté d'établir des ateliers de salaison pour le produit de nos pêches, sans payer aucun droit sur le sel qu'on emploie à cet usage.

A propos du régime des gabelles, ceux qui ont de la mémoire doivent se ressouvenir des disputes qui souvent avaient lieu sur les quais, entre les gardes des fermes et les revendeuses de poisson. Elles sont dans l'usage de l'humecter avec de l'eau de mer, afin, sans doute, de le conserver plus long-tems, sans que la qualité s'altère. De pauvres femmes et de pauvres filles gagnent leur vie à transporter, dans des cruches et dans des barils, l'eau du port aux différens marchés. Souvent les gardes s'opposaient à cette opération, en déclarant, presque toujours en bon français, qu'elles ne comprenaient pas, que, par un article du bail des fermes, l'usage des eaux de la mer et de celles des marais salans était interdit aux particuliers. De là, les rixes, les menaces, les injures, les querelles.

Un second exemple prouvera mieux que tout ce que nous pourrions dire, jusques où pouvaient aller les entreprises des agens de l'autorité, pour saper nos franchises jusques dans leur fondement, peu d'années avant la révolution.

Depuis la réunion de la Provence à la France, en 1481, sous le règne de Louis XI, jamais le droit des aides n'avait été connu dans nos murs. Eh bien ! le fermier des droits municipaux, ou droits de la ville, éleva la prétention de les faire payer sur les vins de provision de bord, apportés et consommés par les équipages des vaisseaux mouillés dans le port. Ces vins n'étant point débarqués, semblaient devoir être affranchis du droit auquel était soumis celui qui se buvait dans la ville. Dans le tableau, présenté à ses cautions par ce fermier, on remarquait cette portion de leur recette présumée, évaluée à vingt-quatre mille francs. Nous ne pouvons affirmer jusques à quel point il avait réussi dans ses prétentions. Une nouvelle preuve de tout ce que nous avançons, qui démontre combien peu on jouissait de franchise aux époques antérieures à la révolution, c'est que l'introduction des marchandises, qui était prohibée à l'entrée des autres ports de France, l'était également chez nous. Pour la sortie, même sévérité ; nous donnerons pour exemple les blés et les laines. Tandis que par la faculté de l'entrepôt fictif, ces marchandises et toutes les autres peuvent être exportées dans l'étranger sans difficulté.

A l'égard du commerce des colonies françaises, il était assujetti aux mêmes règles et formalités que dans le reste du royaume. Les denrées, qui en provenaient, payaient un droit avant d'être consommées dans la ville, malgré que l'opinion contraire soit généralement accréditée. Au reste, ceux qui voudraient prendre la peine de lire l'édit de 1719, qui admet les commerçans de Marseille à participer au négoce des Indes occidentales, se convaincront de la vérité de ce que nous avançons.

Nous ne pouvons nous défendre de faire une réflexion, qui paraîtra, sans doute, fort étrange à beaucoup de gens ; c'est que les deux branches de commerce, qui ont éminemment contribué à la richesse de la ville, ne jouissaient d'aucune franchise. Le commerce du Levant était un privilége exclusivement réservé aux Marseillais et au pavillon blanc, et le commerce des colonies françaises, avec notre port, était réglé par un édit du conseil de la régence, qui dérogeait formellement à ce que l'on pouvait appeler la *franchise*.

Pour étayer la demande que les commerçans de Marseille adressent au Roi, relativement à la nécessité de placer des barrières aux limites du territoire, on objecte que la disposition des lieux rend la contrebande impossible.

Vainement a-t-on dit et a-t-on imprimé, que la ville est placée dans un vaste bassin, environné de montagnes escarpées, qui ne présentent que deux issues pour y parvenir, l'une en arrivant par Aix, et l'autre pour aller à Toulon. Nous avons même lu un mémoire imprimé, adressé au gouvernement, qui était accompagné d'une gravure représentant les vues des environs de Marseille : on voulait prouver par là que la fraude est impossible. Les coteaux, qui environnent la ville, et qui sont couverts de vignes et d'oliviers, présentent, dans le dessin, l'aspect du pic de Ténérife, ou celui des hautes Alpes ; on a eu l'attention de supprimer, dans cette gravure, tous les chemins à charrettes, au nombre de huit ou dix, hors les deux principaux. On s'est bien gardé de tracer les passages faciles pour les bêtes de somme et même les simples sentiers. Nous renvoyons les lecteurs curieux, qui voudraient en savoir davantage, à la carte du territoire de Marseille par Chevalier, publiée par Brisson, fils, et même aux travaux commencés du cadastre : ils jugeront qu'il est à-peu-près impossible d'empêcher la fraude sur une ligne qui présente un développement de plus de 85 mille mètres, ou 42 mille toises environ, et accessible presque dans tous les points, quelque vigilance et quelque soin qu'on y apporte : une armée de gardes trouverait bientôt une armée plus nombreuse de fraudeurs. C'est, sans doute, ce qui faisait demander par un ministre des finances, qui ne comprenait pas pourquoi les habitans de Marseille attachaient tant d'importance à la franchise du territoire, quel négoce on faisait dans les bastides ?

Malgré que l'on ait dit et imprimé que la fraude ne saurait se présumer, nous avons lieu de croire que le mode des entrepôts fictif et réel, conservé sur plusieurs espèces de marchandises, a dérangé certaines combinaisons, qui permettaient d'espérer qu'on les obtiendrait à meilleur marché à Aix, et même à Lyon, qu'à Marseille. On était si bien persuadé de cela, que déjà les paroles étaient données, les bandes organisées, le prix du transport et celui des assurances étaient fixés. Aujourd'hui que tout se perfectionne, on a renoncé aux termes ignobles de *fraude*, de *contrebande*; pour l'édification de nos lecteurs, nous leur apprendrons que cette espèce d'industrie s'appelle *commerce d'introduction*. Loin de nous l'idée de vouloir désigner, ni offenser personne; mais nous croyons fermement que chez beaucoup de gens, trafiquer sur les marchandises prohibées, ou les introduire sans payer de droit, est une chose licite, et qui ne blesse nullement la morale.

Mais, sans nous appesantir sur un tel sujet, portons un instant nos regards sur le commerce du Levant et des côtes de Barbarie; nous devrons convenir qu'il jouissait de belles prérogatives, et, à cet égard, depuis 1669, les Marseillais avaient été singulièrement favorisés; mais tout le monde devra avouer avec nous que c'était, pour eux, plutôt un véritable privilége qu'une franchise; car l'édit qui parut cette année-là, étant si favorable, sur tous les points, au commerce des étrangers, leur interdisait absolument celui du Levant et de la Barbarie à raison du droit de vingt pour cent sur les marchandises apportées sur des navires autres que ceux portant pavillon français. Avec un peu de bonne foi, peut-on employer le nom de franchise, pour une telle disposition d'édit du Roi? Tous nos lecteurs feront comme nous cette réflexion si simple : combien l'abus ou le mauvais emploi d'un mot contribue à égarer l'opinion de ceux qui, cédant à une première impression, adoptent une idée qui leur rit, sans réfléchir à son sens véritable, et sans approfondir ce que l'auteur a voulu dire.

Nous n'entrerons pas dans de plus grands détails touchant ce droit de vingt pour cent ; cette importante question pourra faire le sujet d'une nouvelle dissertation, si cet écrit est accueilli favorablement. Nous ne pouvons toutefois nous défendre d'observer que l'on s'abuse relativement aux immenses bénéfices qui devraient résulter de ce privilége. Les maisons de commerce qui trafiquent avec le Levant et les côtes de Barbarie attachent une haute importance au rétablissement de cette prérogative ; elles le regardent comme un droit qui leur est acquis, et, pour me servir de leur expression, c'est un héritage précieux qui leur est transmis par leurs pères : aussi, on le révendique avec beaucoup de chaleur.

Nous demanderons à ces personnes-là, si toutes pourraient affirmer, sans crainte de se parjurer, qu'elles n'étaient pas très-souvent de simples prête-noms, moyennant un faible droit de commission, des marchands grecs, turcs, juifs ou arméniens ? La seule raison plausible qui milite en faveur de ce droit, nous devons le dire, c'est qu'il serait très-favorable à la navigation française, qui doit être surtout protégée et encouragée par tous les moyens possibles.

Pour démontrer combien le mot franchise du port a été présenté sous une fausse acception, nous offrirons à nos lecteurs la marche que devait suivre un commerçant qui recevait , par mer , des marchandises étrangères avant la révolution , et celle qui nous était prescrite par la franchise du mois de floréal an onze , que nous appellons entrepôts réel et fictif.

L'entrepôt réel présente des embarras et entraîne des longueurs qui font perdre beaucoup de tems , sans compter que le propriétaire ne peut ni soigner , ni assortir ses marchandises , puisqu'elles sont sous la clef de la douane. Cet inconvénient est au moins balancé par le peu de facilité que l'on a d'exposer en vente les marchandises manufacturées , provenant des fabriques étrangères , qui pourraient rivaliser avec celles des fabriques françaises.

Avant la révolution , de même que par la loi de floréal an onze , le capitaine devait remettre le manifeste de son chargement , avec désignation des espèces , marques , numéro , nombre de colis. Antérieurement à la révolution , nulle marchandise prohibée ne pouvait entrer dans le port ; le cas de relâche forcé donnait lieu à une rigoureuse surveillance. Au contraire , comme nous l'avons dit plus haut , par cette loi de floréal , tout peut entrer et jouir de l'entrepôt réel ; nul doute que , malgré la gène et l'embarras que cette formalité entraîne , cela ne soit préférable à l'ancien système , pour ceux surtout qui ne regardent pas, comme une chose défavorable à la France, l'admission des objets de fabrique étrangère.

Nous devons ajouter que, dans l'un et l'autre cas, au débarquement, les visites n'étaient pas très-rigoureuses ; la seule formalité des entrepôts exigeait que la marchandise fût pesée, et il faut convenir qu'avant la mise à exécution de l'ordonnance du 20 février dernier, comme aujourd'hui, les agens de la douane agissaient et agissent, envers le commerçant, avec beaucoup de modération et de douceur ; le seul reproche qu'on pourrait leur adresser, serait un peu de lenteur dans leurs opérations. Mais en 1789 et les années antérieures, les choses n'allaient pas mieux.

Si nous comparons ensuite les mesures à prendre pour sortir de la ligne des douanes avant la révolution, avec celles des entrepôts, la préférence est due à ce dernier système. On sollicitait alors comme une faveur d'être visité et de faire plomber ses malles à Marseille, quand on partait pour aller en voyage. Nous avons connu des particuliers qui ont été obligés d'écrire au contrôleur général des finances, pour obtenir cette dérogation à l'usage, surtout quand on expédiait de certains objets rares, tels que meubles, tableaux, livres, collections d'histoire naturelle appartenant même à des hommes en place, ou à des agens diplomatiques.

Si l'entrepôt réel présente des inconvéniens, personne ne disconviendra, avec nous, que l'entrepôt fictif n'offre les véritables avantages d'une franchise, sans éprouver les entraves d'une seconde ligne des douanes, et sans que les marchandises, sortant par mer, destinées pour les ports du royaume, soient réputées venant de l'étranger, et, par conséquent, assujetties à des formalités qui doivent les exempter du droit qu'elles devraient payer comme étrangères, ou qui les feraient rejeter comme prohibées, si elles eussent été fabriquées à Marseille.

Quant aux formes à remplir après avoir opéré le débarquement et subi la visite, plus ou moins rigoureuse, suivant la nature des marchandises, qui doivent être pesées, un double registre, sur lequel elles sont détaillées, et un compte ouvert au propriétaire par les agens de la douane, font toute l'affaire : l'entrepôt est consommé. On jouit dès-lors de la faculté d'en user à son gré ; si l'on veut les exporter à l'étranger, on le peut, sans être assujetti à aucuns droits.

Si l'on désire, au contraire, les introduire en France, on fait une soumission de les payer, quand ils seront liquidés, ce qui se pratiquait ordinairement à loisir, et on peut les expédier par mer ou par terre, à volonté. La franchise ne s'étend pas, pour le propriétaire, jusqu'aux limites du territoire seulement, comme avant l'année 1795 ; mais cette franchise n'a de bornes qu'à l'extrème frontière du royaume, sans trouver aucun commis, ni aucun bureau, qui puisse faire perdre un instant et retarder son transport ; et nous ajouterons que la faculté du transit, qui a été rendue à Marseille, complète ce que l'on peut appeler une véritable franchise. D'après cet aperçu, nous laissons aux lecteurs à décider lequel des deux modes est préférable.

Nous pourrions donner à ce résumé un plus long développement ; mais nous croyons en avoir dit assez pour désabuser les personnes qui, n'ayant pas bien compris cette question de la franchise du port, s'imaginent que, avant la révolution, les formalités n'étaient rien et que les choses allaient seules. Tel est l'effet de l'illusion ; ce que l'on aperçoit dans l'éloignement se reproduit à nos yeux sous un aspect différent, quand l'objet se rapproche de nous. Il en est de même de nos idées ; le défaut de réflexion, la prévention même nous égarent souvent, au point de prendre l'erreur pour la vérité. Pour confirmer davantage ce que nous avançons, nous allons faire l'énumération de tous les bureaux, qui étaient établis dans la ville, sous l'ancien régime ; on pourra, par là, apprécier ce que l'on appelait franchise, après avoir terminé toutes les opérations auxquelles les particuliers, négocians et autres étaient assujettis.

L'édit de 1669, relatif à Marseille, prescrivait » que les bureaux des fermes seraient levés et » ôtés de la ville, port et territoire, et trans- » portés aux extrémités et hors dudit territoire, » pour la régie des fermes y être faite, suivant » et conformément aux ordonnances et régle- » mens. »

L'arrêt de 1703 confirma ces dispositions ; on en excepta toutefois le bureau de la direction générale des fermes, celui des chairs et poissons salés, comme dépendant des gabelles.

Le bureau des gabelles.

Le bureau de poids et cas.

Le bureau des fermes du domaine d'occident, en 1719.

Le bureau de l'entrepôt de tabac.

Les bureaux de la régie des cartes, celui de la marque des cuirs, qui, étant abonnés pour la ville, payaient le droit et recevaient une seconde marque en entrant dans le royaume.

Un bureau de garantie pour les ouvrages d'or et d'argent.

Le bureau du droit de vingt pour cent, qui percevait également les frais de quarantaine ; celui du droit de consulat, qui était régi par MM. les députés de la chambre du commerce.

Le bureau des droits de la ville. Cette entreprise était chargée de pourvoir les habitans de Marseille de toute la viande nécessaire à la consommation ; elle percevait un droit de mouture, connu sous le nom de *piquet* ; elle percevait aussi un droit sur le vin qui entrait à Marseille. Le produit de cette ferme servait à acquitter l'abonnement fait avec le Roi, pour remplacer la taille, la capitation, le premier, le second et le troisième vingtièmes, qui se payaient dans le reste du royaume. L'excédant des sommes payées par le fermier servait aux dépenses municipales, et à quelques autres besoins de la ville. Nous n'oublierons pas un bureau du domaine, celui du contrôle des actes et du papier marqué ; et nous ne sommes pas certains de n'avoir rien omis ; mais, en présentant l'état de tous ces bureaux, auxquels les habitans étaient obligés d'avoir recours pour leurs affaires, nous ne prétendons nullement prouver que cela fût onéreux, ni vexatoire. Une longue habitude de soumission et d'obéissance rendait l'exécution des règlemens facile ; le mode de contrainte était bien rare, et celui des garnisaires nous était absolument inconnu.

Tous ces établissemens avaient un nombre de commis, de gardes ou d'employés proportionné à l'importance de leurs fonctions, qui agissaient dans l'intérêt du fisc, et réagissaient envers les particuliers avec zèle pour remplir leur devoir, et peut-être leur bourse.

Ce régime n'altérait en rien la richesse et la prospérité de la ville; mais, nous l'avons ouï dire et répéter bien des fois, on eût préféré terminer toutes les formalités dans les bureaux de Marseille pour ce qui regardait le commerce, plutôt que d'avoir à recommencer, en pénétrant dans le royaume.

Nous croyons également devoir énumérer certains droits, auxquels étaient assujettis des particuliers, pour désabuser ceux qui s'imaginent encore que la ville était affranchie de toute espèce de servitude.

L'ordre de Malte, qui avait recueilli une partie des biens des Templiers, Monsieur l'évêque de Marseille, les différens chapitres séculiers, des ordres religieux réguliers, et même de simples particuliers, jouissaient, dans certains quartiers, du droit de *directs*, et ils prélevaient, soit annuellement, soit à de plus longs intervalles, des *servis* et des *cens*, comme, par exemple, les Minorites, ou Minimes, qui étendaient leur directe jusques à la rue de Château-Redon, et les possesseurs de ces titres, sans être bien rigoureux, ne faisaient jamais grâce à leurs censitaires. Les droits de lods et ventes, connus, dans notre ville, sous le nom de treizin, étaient rigoureusement réclamés par ceux qui les possédaient ; les vendeurs ou les acquéreurs de biens immeubles en traitaient et quelquefois plaidaient ; les légistes et les praticiens y trouvaient leur compte, et, en général, nous n'en étions pas plus malheureux.

On dit et on répète journellement, avec une sorte d'affectation, que la prospérité et l'abondance étaient telles, que, s'il faut en croire les prôneurs du système administratif qui nous régissait avant la révolution, il n'y avait que peu d'indigens. Pour répondre à cette assertion, nous récapitulerons les établissemens consacrés au soulagement des pauvres. L'éducation, trop négligée dans la classe inférieure, et les moyens industriels, moins répandus peut-être qu'aujourd'hui, présentaient un tableau aussi affligeant qu'il pourrait l'être à l'époque actuelle. Au premier rang, nous plaçons l'Hôtel-Dieu, la maison de la Charité, l'hospice des Convalescens, la maison des Enfans abandonnés, celle de St.-Lazare pour les aliénés, la maison des Incurables, l'œuvre de la grande miséricorde, les petites miséricordes des paroisses, l'hospice fondé par le médecin Aubert, pour les maladies scrophuleuses, plus anciennement l'hospice de St.-Jacques, pour les pélerins, une œuvre pour le traitement des maladies des teigneux, une autre pour le transport des malades

(39)

à l'hôpital, l'association pour le secours des pri-
sonniers, plusieurs écoles de charité, tenues par les
frères de la doctrine chrétienne, la confrérie
pour la rédemption des esclaves, une société de
bienfaisance fondée peu d'années avant la révolution (1); nous ne devons pas négliger de parler
du Mont-de-Piété, établissement admirable, le
premier qui ait été connu en France, dès le
milieu du dix-septième siècle. Une association
d'hommes vertueux se réunissait à l'Hôtel-Dieu,
et, de leurs propres fonds, faisaient des avances
sur nantissement; mais nous devons honorer la
mémoire du vertueux Jean du Puget, officier au
service du Roi, qui légua, en 1669, une somme
de soixante-neuf mille francs, avec laquelle on
fit construire l'édifice actuel. On parle journellement, avec éloge, de certains hommes qui
sont bien éloignés d'avoir un droit égal à la
reconnaissance publique.

Toutes ces œuvres pies nous démontrent que,
si l'humanité et la charité de nos pères étaient
bien grandes, le nombre des pauvres devait être
considérable. À l'égard du Mont-de-Piété, on
observera que, dès le siècle passé, il y avait
des emprunteurs nécessiteux et des usuriers.
Nous le disons avec regret, ces établissemens

____

(1) Par notre respectable et vertueux ami le médecin Achard.

étaient encore insuffisans ; le nombre des men-
dians égalait celui d'aujourd'hui , malgré les
aumônes particulières données à domicile , et la
vigilance des magistrats.

Cette digression , sans doute , est étrangère au
sujet que nous traitons , mais nous espérons
qu'on nous la pardonnera en faveur du motif
qui nous anime , en traçant l'état de l'administration financière de la ville.

En parcourant cet écrit , nos lecteurs se de-
manderont , mais à quoi tendent ces réflexions ?
Notre réponse est simple : nous voulons prouver
que la prétendue franchise , dont on jouissait à
Marseille , avant la révolution , était , comme
celle qui nous a été donnée par l'ordonnance du
vingt février , à-peu-près nulle dans ses faveurs ,
désagréable et fatigante dans ses formalités.

Puisque la franchise que l'on regrette ne peut
être considérée comme la véritable cause du
bonheur dont on jouissait à Marseille , à quoi
devons-nous attribuer l'étonnant accroissement de
la ville et de sa population , depuis l'année 1669
jusqu'à l'époque funeste de la peste de 1720 ,
et depuis l'année 1722 ou 23 jusqu'à celle de
la révolution ? Nous allons , dans un tableau tracé
rapidement , le faire connaître :

A cet égard , nous devons dire que la nature
a plus fait pour Marseille que toutes les lois

et réglemens qui se sont succédés , dans une période de plus de vingt siècles.

1.º La bonté de sa rade, l'heureuse position de son port, qui est garanti, par les hauteurs qui l'environnent, de tous les funestes effets des tempêtes, a dû, de tout tems, inviter les navigateurs à le fréquenter, pour y trafiquer.

2.º La sûreté du port de Pomégue, dans l'une des îles de la rade, et l'immense étendue de son magnifique Lazaret, ont contribué également à la prospérité et à l'extension de son commerce avec les ports de la Méditerranée, de la mer Noire et des îles de l'Archipel, sujettes à la contagion.

5.º Nous plaçons au troisième rang des causes qui ont contribué à la richesse de la ville, l'édit de 1719. La compagnie des Indes occidentales, créée par le génie du grand Colbert, dans le siècle précédent, ayant cessé d'exister, et les colonies françaises des Antilles prenant un accroissement rapide, tous les ports du royaume tentèrent des expéditions qui donnèrent, aux armateurs, des bénéfices immenses. Les commerçans de Marseille sollicitèrent, du conseil de la régence, la faculté de participer à ce commerce lucratif : ils l'obtinrent, en se soumettant à toutes les formalités auxquelles étaient assujettis les autres ports du royaume ; ce qui donna lieu à l'établissement du bureau, connu sous le nom de bureau des fermes du domaine d'Occident. Le terrible fléau de la peste ayant cessé ses ravages, dès lors la face des affaires changea totalement, le commerce prit un accroissement prodigieux, l'immense quantité de denrées coloniales, qui affluèrent dans le port de Marseille, augmenta, dans une proportion étonnante, nos rapports avec le Levant et les côtes de la Barbarie. La nécessité de pourvoir aux besoins de nos colonies donna lieu à l'établissement de plusieurs fabriques de différens genres, et répandit l'aisance dans nombre de familles, qui auparavant végétaient dans l'indigence. Le port de Marseille devint un entrepôt général des sucres, des cafés, des cotons et des indigos de nos colonies; il régla le prix de ces denrées dans tous les marchés de la Méditerranée. La surabondance de ces précieuses marchandises permit d'en exporter une grande quantité, et nous pouvons, sans crainte d'être démenti, affirmer que c'est à cette époque que le commerce du Levant devint, pour nos pères, la source de ces brillantes fortunes, qui s'étaient accumulées dans notre ville, et qui font l'objet de tant de regrets. La nécessité de transporter nous-mêmes l'excès de nos richesses donna lieu à la construction d'un grand nombre de navires, dans tous les ports de la côte de Provence. Ce commerce du fret vint ajouter à notre prospérité toujours croissante, en même tems que cela donna lieu à la formation d'un grand nombre de matelots, qui ont toujours servi utilement, en tems de guerre, à l'armement des flottes de Toulon, et pourtant ce commerce des colonies françaises, si lucratif et si avantageux, ne jouissait d'aucune franchise; il était, en tous points, assimilé à celui que faisaient les commerçans de Bordeaux, de Nantes, du Hâvre, etc.

Cet exemple, sans doute, convaincra les plus incrédules que la franchise à laquelle on attache tant d'importance, n'était pas très-nécessaire pour obtenir des résultats aussi heureux.

Nous ne devons pas négliger de placer, au rang des causes de la prospérité de la ville, cette véritable franchise qui nous a été rendue par le Roi, connue sous le nom de transit. Par là certaines marchandises, telles que les denrées coloniales, qui arrivent dans notre port, et traversent la France sans payer aucun droit, pour être consommées en Suisse et dans une partie de l'Allemagne.

On a dit, on a imprimé et l'on répète journellement, que, avant la révolution, il s'était opéré des prodiges à Marseille, par suite des heureux effets de la franchise. Il est vrai qu'une

6 *

compagnie d'actionnaires fit l'acquisition de l'emplacement de l'arsenal des galères, et, en peu d'années, on vit s'élever une nouvelle ville, au sein-même de l'ancienne Marseille. Des sommes immenses furent employées à la construction d'un théâtre, à l'achèvement d'un canal commencé par le célèbre Vauban, et de superbes édifices fixèrent l'attention des étrangers. En convenant de cela, on nous permettra d'observer que le même phénomène a eu lieu, précisément dans le même tems, dans plusieurs autres villes du royaume. Que devons-nous en conclure? Que partout, en France, les mêmes causes ont produit les mêmes effets, et nous opposerons des faits qui démontrent que cet agrandissement n'est pas la suite de l'administration et du régime commercial de la ville, puisqu'à Bordeaux, à Nantes, au Hàvre de Grâce, où l'on ne connaissait pas de franchise, ces cités se sont agrandies et ont reçu des embellissemens proportionnés à leur négoce respectif. Des rues toutes entières ont été bâties, et on pourrait remarquer, dans plusieurs autres villes, précisément ce que nous voyons à Marseille. Mais ce que l'on aurait dû ajouter, à l'égard de cette dernière, c'est que plusieurs quartiers ont cessé d'être fréquentés, et si les immeubles construits sur l'emplacement de l'arsenal, voisins de la douane, du canal et du port, sont si recherchés, les magasins des points qui en sont éloignés ont perdu un tiers et même la moitié de leur valeur. A cet égard, Marseille a subi le sort de toutes les autres villes de France; l'empire de la mode exerce ses effets même sur les lieux que nous préférons pour nos habitations. Nous donnerons, pour exemple, Paris, où une maison, un hôtel très-vaste de la place Royale et du Marais, se vendra aujourd'hui le quart du prix d'un édifice de même grandeur situé dans le quartier de la Chaussée d'Antin. Ainsi, c'est à tort que l'on attribuerait, aux effets d'un règlement sur la franchise, la préférence accordée par les négocians à telle ou telle partie de la ville. Soyons vrais, la commodité du débarquement et la facilité du transport ont fait et feront toujours préférer les nouveaux quartiers à ceux qui sont aujourd'hui délaissés. Rien n'a autant contribué à l'abandon de certaines parties de la ville, que les édifices nombreux qui se sont élevés sur les emplacemens, qui étaient précédemment occupés par différens monastères, tels que ceux des Feuillans, des Capucins, des Carmes, tandis que la population diminuait.

Nous serions injustes, et l'on pourrait nous accuser de prévention, si nous refusions de convenir que le fameux édit de 1669, sur l'ai-

franchissement du port, de la ville et de son territoire, qui accordait de si grandes prérogatives, n'ait
contribué, dans le tems, à son agrandissement
et à sa prospérité ; mais lui attribuer ces heureux
effets comme cause unique et première , c'est en
cela que nous trouvons de l'exagération.

Nous l'avons dit plus haut et nous ne devons
pas craindre de le répéter encore, la prospérité
générale , avant la révolution, dérivait de la
modération de l'autorité et de la sagesse de son
administration. Deux hommes étonnans par l'étendue de leur génie ont éminemment contribué
à placer la France au rang des premières puissances de l'Europe : le cardinal de Richelieu , comme
politique, n'eut et n'aura peut-être jamais d'égal ;
sous le règne suivant, le génie de Colbert, qui
fut si bien apprécié par Louis le grand, enfanta
ces merveilles qui feront époque dans l'histoire.
Ce génie vaste et étendu connut mieux qu'aucun
de ses prédécesseurs les ressources de la France ;
mais laissant à part ses grandes qualités pour
l'administration financière, qu'il nous soit permis
de lui payer un tribut comme législateur.

Tous les bons français ne peuvent se rappeler ,
sans des sentimens mêlés d'admiration et de reconnaissance , la création de ce conseil fameux
établi en l'année 1667 ; il posa les bases de ces
belles ordonnances et de ces sages règlemens,

qui fixèrent les jurisprudences civile, criminelle, commerciale et maritime, et ont tant contribué à la prospérité de l'état. Ce n'est qu'avec vénération que nous devons prononcer les noms des Séguier, des Daligre, des Demachaux, des De Sève, des Morangis, des Boucherat, des Voisin, des Colbert, et de plusieurs autres hommes vraiment célèbres, qui ont honoré la France par leurs travaux en législation.

La généralité des hommes ne remarquent que les choses brillantes. Aussi, parle-t-on journellement des merveilles du siècle de Louis XIV, dans les arts, les belles-lettres et les sciences; tandis que bien peu de gens se doutent que nos ordonnances ont servi de modèle aux différens peuples de l'Europe. De même que les Romains jadis adoptèrent les lois des Grecs légers et frivoles, les peuples modernes ont recueilli nos institutions, en adoptant notre langage et nos modes. (1)

Mais ce qui a le plus contribué à la richesse

---

(1) Toutes les cours souveraines du royaume, ainsi que les tribunaux inférieurs, enregistrèrent ces ordonnances du Roi, et la justice fut rendue conformément aux intentions du Souverain. Cette uniformité et une bonne législation, furent les causes de la prospérité du commerce en général; aussi Marseille, si jalouse de ses privilèges, ne réclama pas contre ces institutions comme lui étant contraires.

de Marseille, c'est qu'elle fait partie d'un grand
royaume, dont la puissance et la fertilité éton-
nent l'observateur. Sa nombreuse population et
les besoins sans cesse renaissans qui en sont
la suite, ont constamment donné lieu à des demandes journalières, qui vivifient notre commerce
de la Méditerranée, et si Marseille fut opulente,
elle le doit à ses relations commerciales avec le
reste de l'état. Ses rapports avec les Echelles
du Levant, les côtes de Barbarie, l'Espagne
et l'Italie, ses armemens pour le commerce des
deux Indes, eussent été, pour elle, d'un faible
secours, si les autres villes et les provinces de
France n'avaient contribué, par leurs demandes,
à donner la vie et l'activité à ses relations
extérieures.

Faisons, au contraire, de Marseille une ville
libre et indépendante, avec une administration et
des lois particulières, comme semblent le désirer
plusieurs de ses commerçans *les plus instruits*,
et que le gouvernement, protecteur de l'agriculture, de l'industrie et du commerce français,
élève des barrières entre cette ville franche et
les autres provinces. Livrée alors à la sagesse
de ses législateurs modernes, nous la verrions
bientôt décliner, et se placer au dernier rang,
malgré son avantageuse situation ; tandis que
les ports de Toulon, de Cette, d'Agde, et même

le port de Bouc, qui est inhabité, étonneraient
bientôt les Marseillais, par leur accroissement et
leur activité, malgré la préférence qu'elle semble
réclamer, à raison de ses nombreux établissemens
et la bonté de sa rade.

Il nous reste à examiner quel est le régime
qui lui serait le plus avantageux, sans toutefois
que ses résultats soient nuisibles au reste du
commerce français.

1.º La première question qui se présente à l'examen de tout écrivain impartial, c'est celle des
prohibitions. Doit-on admettre, dans un quartier
franc, toutes les marchandises provenant de l'industrie et des fabriques étrangères ?

2.º Ou bien doit-on revenir au système qui
nous régissait avant le funeste traité de commerce de 1786 ?

3.º Doit-on recevoir tous les pavillons, sans
les soumettre à aucun droit de tonnage ?

4.º Doit-on s'en tenir purement et simplement
à un entrepôt fictif pour toutes les marchandises
non prohibées, et supprimer l'entrepôt réel ? La
solution de ces différentes questions doit nous
donner le meilleur système de franchise qui soit
convenable à Marseille ; et si nous parvenons
à les résoudre d'une manière satisfaisante, nous
aurons indiqué, pour notre pays, tout ce qui
peut être le plus avantageux aux nombreuses

fabriques que la ville renferme, aux propriétaires des maisons et des magasins, et à cette partie si précieuse de notre population, les navigateurs de toutes les classes, dont il semble que l'on ne s'est nullement occupé jusques à ce jour ; tandis que l'on a tout fait pour enrichir et accroître le commerce et la navigation des étrangers.

L'enceinte qui jouit d'une franchise absolue dans le port de Gênes a fait naître, à beaucoup de gens, l'idée d'en établir une pareille à Marseille, et nous devons dire, à cet égard, que si l'on entrevoit un avantage et de grandes facilités pour trafiquer sur les objets prohibés, on n'a pas, sans doute, réfléchi aux suites d'un semblable établissement, dans l'un des principaux ports de France. Ne verrait-on pas s'élever bientôt après de nombreuses réclamations de la part des fabricans et des propriétaires des maisons de la ville, auxquelles viendraient se joindre toutes celles des fabriques françaises ?

En effet, dans l'enceinte destinée à cette espèce de foire perpétuelle, on trouverait des magasins en gros et en détail, très-propres à tenter les étrangers qui fréquentent notre port, et les bas prix auxquels il serait possible de vendre certains articles fabriqués, détermineraient la préférence des acheteurs en faveur des objets provenant de l'industrie étrangère.

Là, on verrait les tissus de laine de toutes qualités, avec les draps fins, ainsi que les cotons filés et les tissus de Manchester, et des autres parties de l'Angleterre; à côté des ouvrages d'acier de Birmingham, on trouverait les poteries de Grès, autrement dit faïance anglaise; la clincaillerie connue, dans le commerce, sous le nom d'articles de Nuremberg, les objets de mercerie qui se fabriquent sur les bords du Rhin, qui ne font point partie de la France, arriveraient dans ce dépôt par les ports de Hollande avec facilité. Tout ce que fournit le pays de Liège abonderait également; les soieries de Florence, de Lucques et des autres villes d'Italie, et les velours de Gênes, empêcheraient, sans doute, le débouché des mêmes articles venant de Tours, de Lyon et de Nismes, malgré le bas prix auquel nous pouvons les vendre. L'horlogerie de Genève et de la comté de Neufchâtel, venant par Nice, porterait une atteinte sensible à cette partie de notre industrie, qui vivifie les montagnes du Jura soumises à la France. Cette concurrence nuirait prodigieusement aux commerçans de la ville, qui tiennent ces beaux assortimens de toute espèce de marchandises provenant des fabriques françaises.

7 *

Nous avons cru devoir hasarder cette réflexion relativement aux marchandises manufacturées seulement; car, à l'égard des matières premières non ouvrées, de même que pour les denrées coloniales étrangères, ainsi que pour les épiceries et drogueries sujettes à de forts droits, nous n'y voyons aucun inconvénient. Au contraire, les marchands, qui n'offriraient point de caution valable, et qui ne présenteraient pas assez de moyens de solvabilité, pour obtenir le crédit que la douane accorde, par l'entrepôt fictif, aux maisons de commerce qui possèdent des capitaux considérables, trouveraient, dans cette mesure, une facilité bien propre à attirer les étrangers à Marseille.

On conviendra, sans doute, avec nous, que les intérêts bien entendus des propriétaires de maisons, ceux des fabricans de toutes sortes, de Marseille et des autres villes de France, prescrivent de solliciter, du gouvernement, une prohibition absolue des marchandises manufacturées, de quelque nature qu'elles soient; et nous devons regarder, comme une faveur, si Marseille, à cet égard, est, en tous points, assimilée aux autres ports du royaume. Adoptons le système prohibitif de nos rivaux. Si nous devons recevoir, chez nous, le produit de l'industrie manufacturière étrangère, attendons qu'un ennemi vainqueur, ou de perfides alliés nous imposent une loi aussi rigoureuse et si contraire aux véritables intérêts de notre patrie.

Les commerçans de Marseille ont sollicité la suppression du droit du tonnage, comme devant être, pour eux, extrèmement avantageuse ; sans doute, cela doit procurer quelques profits à un petit nombre d'individus, et être surtout favorable aux commerçans étrangers ; mais que la généralité des habitans y gagne quelque chose, c'est ce dont nous ne saurions convenir.

Si nous examinons l'histoire de Marseille, aux époques où son commerce fut le plus brillant, soit dans les tems anciens, soit au moyen âge et dans les tems modernes, nous verrons que ses succès et sa prospérité dérivent essentiellement de sa navigation, et l'on a lieu d'être étonné de voir les habitans d'un port de mer solliciter, comme une faveur, une prérogative favorable à nos rivaux, prérogative très-propre à détruire une des plus belles branches de notre industrie. On comprend que nous voulons parler du commerce du fret. A-t-on oublié que la pêche et ce commerce de transport ont élevé la Hollande, dans le seizième siècle, au rang des premières puissances maritimes de l'Europe ? Mais si l'on est surpris d'une pareille demande, l'étonnement augmente bien davantage, quand on voit les ministres du Roi consentir et céder à de telles sollicitations.

Nous nous plaignons que le commerce du Levant nous échappe, et nous ferions tout pour favoriser les armemens sur les côtes d'Italie et d'Espagne, et encourager surtout les industrieux navigateurs de l'Archipel. Tout le monde connaît les prodigieux succès des Grecs sur le stérile rocher d'Idra; tandis que nos constructions navales languissent, et qu'une foule de jeunes marins, aussi dévoués à leur pays qu'ils sont intrépides, végètent dans notre port faute d'emploi.

Ce serait abuser de la patience de nos lecteurs, si nous traitions plus longuement un tel sujet. Il n'est pas un bon français, pas un homme éclairé, qui ne pense que la navigation étrangère ne doive être soumise à un droit de tonnage, calculé, au moins, sur l'importance du commerce qu'elle fait avec nous.

On nous objectera que le tarif des douanes établit des droits différens sur les marchandises importées par des navires étrangers, et qu'ils sont moindres, lorsqu'elles nous arrivent sous pavillon français. Nonobstant cela, nous croyons que ce n'est pas sans fondement que les Anglais attachent tant d'importance à ce qu'ils appellent *acte de navigation*, qui n'est autre chose qu'un droit de tonnage, imposé à tous les navigateurs qui fréquentent leurs ports et leurs rades, lorsque les navires ne sont pas de construction anglaise.

On pourrait nous opposer, sans doute, pourquoi Marseille n'offrirait pas, aux étrangers, des privilèges égaux à ceux dont la France jouissait avant la révolution, dans certains états avec lesquels elle avait des traités avantageux, comme, par exemple, avec la Suède, qui nous avait ouvert le port de Gottembourg, où le pavillon français jouissait de plus de faveur peut-être que le pavillon suédois. Mais personne n'ignore aujourd'hui que les tems sont bien changés, et cette préférence était surtout compensée par les subsides annuels que la cour de France répandait, pour obtenir cette influence qu'elle exerçait sur le gouvernement suédois.

L'entrepôt réel, en accordant, aux commerçans de Marseille, la faculté de trafiquer sur toute espèce de marchandises, semblerait faire croire que l'on doit le conserver. D'un autre côté, il présente tant d'entraves et de lenteur dans les opérations, et les formalités sont si gênantes, que cette faveur cesse d'en être une; de manière que nous devons désirer qu'il soit supprimé. Nous ne ferons plus qu'une seule réflexion pour répondre à ceux qui disent que le bureau de poids et cas, celui du domaine d'Occident, la direction des fermes, et tous les bureaux réunis existant avant la révolution, offraient moins de formalités à remplir que l'établissement actuel de la douane. A cela nous répondrons que depuis lors, le système général de cette administration est absolument changé; le tarif des droits d'entrée ne ressemble en rien à celui de l'ancien régime. Les douanes intérieures étant supprimées, la régie actuelle doit agir par d'autres principes. L'exportation de certaines marchandises n'étant plus permise, de même que l'introduction de quelques autres étant prohibée pour tout le royaume, cela nécessite des mesures différentes de celles qui existaient précédemment. Cela rend impossible, à Marseille, l'exécution du projet de franchise présenté par les négocians de cette ville. Si on l'eût adopté, un cri général de toute la France se serait élevé contre cette mesure.

Nous terminerons, en disant que l'entrepôt fictif est, de tous les modes de franchise, le plus avantageux que nous puissions espérer. Il serait à-la-fois favorable aux propriétaires de biens immeubles, puisqu'il permettrait d'emmagasiner les marchandises, dans tous les quartiers de la ville indistinctement; favorable aux fabricans, artisans, ouvriers, qui pourraient librement exercer leur profession, sans être soumis aux moindres formalités; favorable à l'industrie française, qui , **ne** trouvant point de concurrence par l'admission des marchandises manufacturées , prohibées dans le reste du royaume, nous fait entrevoir la possibilité d'un plus grand débouché de nos produits. Une autre considération majeure, c'est que la contrebande devient très-difficile ; il n'y aurait plus à redouter que les versemens frauduleux sur la côte, et il est reconnu que cela est aussi hasardeux, que difficile à exécuter.

En revenant à ce système si simple , plus de seconde ligne des douanes, plus de bureau, plus de brigades sur les grandes routes, la franchise, comme nous l'avons dit, s'étend depuis le quai au débarquement, jusqu'à la frontière du royaume. La faculté du transit, sur certains articles, vient ajouter une nouvelle prérogative, même facilité pour expédier par mer, en France et à l'étranger. Un simple compte, dans un double registre à la douane, suffit à tout. Aussi, nous sommes tous les jours plus surpris que de telles facilités , pour le commerce de Marseille, aient pu être et soient encore méconnues par un grand nombre de personnes. Espérons que la désagréable épreuve du règlement du 20 février 1815 dissipera toutes les illusions à cet égard.

La fausse acception d'un mot cause souvent bien des méprises , et même de grands maux. Le nom de franchise nous en fournit la preuve; si le titre 4 de la loi du huit floréal an onze, au lieu de porter *entrepôt de la ville de Marseille*, avait été intitulé du nom de *franchise de la ville de Marseille*, la généralité de ses habitans aurait été satisfaite. Un grand nombre d'individus, à qui ces objets sont, et doivent être indifférens, ne s'en seraient pas occupés; ceux, au contraire, que cette question intéresse auraient pris la peine de l'examiner, et surtout de comparer ce nouveau système, avec celui qui nous régissait avant la révolution. Ces réflexions auraient facilement fait discerner combien le dernier nous était plus avantageux, et, par conséquent, en tout point préférable. Renonçons donc à ces doléances perpétuelles sur notre prospérité passée, que le tems seul et une bonne administration peuvent amener; cherchons notre bonheur dans l'oubli de nos pertes qui ne sont pas irréparables.

Sachons jouir du présent, ne nous consumons pas en regrets superflus; espérons tout de la bonté et des lumières du meilleur des Rois, et de la sagesse de ses ministres.

L'impression de cet ouvrage était terminée, lorsque nous avons reçu une notice que nous croyons devoir y ajouter, pour mettre nos lecteurs à portée d'apprécier l'importance du commerce de Marseille par la voie du roulage.

Le nombre des charrettes et des voitures sorties de la ville, et sujettes à la vérification, en passant au bureau de Septème, pendant une semaine, ce qui est à-peu-près égal pour toutes les autres, s'est élevé à 602; savoir :

112 charrettes à un collier.
  97   à deux.
152   à trois.
101   à quatre.
  46   à cinq.
  10   à six,

Et 84 voitures publiques portant des marchandises avec des voyageurs, dont nous ne tiendrons pas compte.

Si, par une évaluation bien modérée, nous admettons 600 kilogrammes par collier, il en résulte que le commerce de Marseille a expédié, en sept jours, 17,472 quintaux poids de marc environ, ou 21,400 et tant de quintaux poids de table. Ce qui équivaut à-peu-près à la cargaison de huit vaisseaux de 100 tonneaux chacun, et même plus.

Nous négligeons d'énumérer les marchandises sorties par le bureau de la Penne, pour aller dans la basse Provence. Nous ne parlerons pas non plus des denrées, des fruits frais et des fruits secs du département du Var, qui aujourd'hui vont à Aix, en évitant soigneusement Marseille , où ils arrivaient précédemment. On aura de la peine à croire que c'est pour contrarier des opérations si importantes, et voir augmenter le prix des transports , pour dédommager les rouliers de la perte de leur tems , qu'il a fallu ajouter de nouveaux bureaux des douanes à ceux que nous avions déjà , sans accroître, en aucune manière , notre commerce maritime, tant français qu'étranger. On se persuadera difficilement que nos assertions soient exactes , et pourtant rien n'est plus vrai.

F I N.